MW01601716

Made in the USA
Middletown, DE
05 June 2022

66555172R00057